AF268160

EXAMEN CONSCIENCIEUX

DU

SOCIALISME

FORMULÉ EN PROJET DE LOI.

LILLE

VANACKERE, IMPRIMEUR-LIBRAIRE

GRAND'PLACE, 7.

—

M DCCC XLIX.

Nous ne venons pas ici faire une amère critique du projet formulé par l'illustre auteur de l'Histoire de dix ans. Ce sont d e simples observations que nous soumettons à la discussion, guidés par notre seule conscience et dans un intérêt général.

Nous cherchons la lumière.

Les questions que le socialisme soulève sont d'une trop haute importance pour ne pas être longuement discutées : conséquemment elles ne peuvent être adoptées ou rejetées qu'après une étude approfondie.

Q. L.

LE SOCIALISME EN PROJET DE LOI.

ARTICLE 1er.

Il serait créé un Ministère du progrès dont la mission serait d'accomplir la révolution sociale et d'amener graduellement, pacifiquement, sans secousse, l'abolition du prolétariat.

PREMIÈRE OBSERVATION.

On se demande si, sans créer un Ministère du progrès, il ne serait pas possible d'augmenter de plusieurs divisions l'Intérieur, d'où les travaux proposés ressortiraient naturellement. Il ne s'agit ici, comme on le voit, que d'une question d'économie.

ARTICLE 2.

Le Ministère du progrès serait chargé;

1.° De racheter, au moyen de rentes sur l'État, les chemins de fer et les mines;

2.° De transformer la Banque de France en banque de l'État;

3.° De centraliser, au grand avantage de tous et au profit de l'État, les assurances;

4.° D'établir, sous la direction de fonctionnaires responsables, de vastes entrepôts où producteurs et manufacturiers seraient admis à déposer leurs marchandises et leurs denrées, lesquelles seraient représentées par des récépissés ayant une valeur négociable et pouvant faire office de papier-monnaie, parfaitement garanti, puisqu'il aurait pour gage une marchandise déterminée et expertisée;

5.° Enfin, d'ouvrir des bazars correspondants au commerce en détail, de même que les entrepôts correspondraient au commerce en gros.

DEUXIÈME OBSERVATION.

Mieux eût valu sans doute que les chemins de fer eussent été établis par l'État, qu'ils fussent propriétés nationales, mais il n'en est pas ainsi. Aujourd'hui, il faudrait grever la dette publique, si surchargée déjà, pour faire ces rachats. Ce serait ouvrir la porte à des difficultés sans nombre, car les concessionnaires ou les directeurs actuels de ces entreprises ne se laisseront pas dessaisir, sans recourir à justice et demander la consécration de droits acquis en vertu de contrats synallagmatiques. Il vous faut une loi qui les dépossède pour cause d'utilité publique, et cette loi vous ne pouvez l'attendre que d'une législature en harmonie avec vos principes. Cette utilité publique que vous invoquerez ne peut être démontrée que par des bénéfices au profit de l'État. Ce ne sera plus qu'une question d'argent.

Vous demandez la transformation de la banque de France en banque de l'État. Cette réalisation paraît assez impraticable, car l'État, dont les ressorts sont déjà si compliqués, ne peut se faire banquier ou capitaliste. Vous ne dites pas si les prêts ou escomptes seraient faits aux fabricants, négociants, commerçants, à des conditions plus favorables que celles existantes. Il nous paraît superflu d'entrer ici dans l'énumération des conditions d'amélioration. Seront-ce les deniers des contribuables qui serviront de base à vos opérations? — Cette hypothèse est peu admissible. Sera-ce le produit d'actions que vous aurez émises? — Une banque établie sur une échelle aussi grande, aura besoin d'immenses capitaux: quelles garanties sérieuses, dans le dernier cas, offrirez-vous aux capitalistes qui vous apporteront leur concours?

Vous voudriez qu'on admît pour les Assurances le même principe que vous voulez faire prévaloir pour les Chemins de fer, c'est-à-dire, qu'elles fussent entre les mains de l'État. Les mêmes difficultés, les mêmes embarras qui se sont présentés pour les chemins de fer, se retrouvent ici. Il en résulterait évidemment pour l'État de grands profits, dont il disposerait, nous voulons le croire, dans un intérêt général et bien entendu; mais qu'on nous démontre d'autres nécessités que celles de grossir incessamment les coffres publics au détriment d'entreprises établies qui présentent assez de garanties, et qui ont pour sanctions le temps et la confiance publique. Il y aurait cependant lieu d'attacher une plus grande importance au rachat des lignes ferrées qu'aux assurances, parce que dans le second cas il ne s'agit que d'intérêts purement matériels, et que, dans le premier, il s'agit chaque jour de la vie de milliers de citoyens. Au jour marqué pour la réalisation de ces grands projets, la voie des transactions contradictoires et sans dépossessions, serait sans contredit la meilleure.

Enfin et pour clore votre second article, vous proposez d'établir des bazars similaires pour le commerce en détail, c'est-à-dire, d'adopter également pour celui-ci un papier-monnaie forcé. La difficulté nous paraît ici plus grande, car qui ne sait quelles fraudes de tous genres se glissent dans les opérations du petit commerce. Votre papier, ne représentant pas une valeur réelle et positive, sera bientôt démonétisé par cela seul qu'il ne sera qu'une fiction. Il aura, dites-vous, une valeur déterminée et expertisée. Mais cette expertise sera variable, variable même comme celle des marchandises en gros, avec cette différence que ces dernières ne sont pas autant sujettes à des sophistications et à des variations diverses. Les marchandises si multiples qui circulent dans le détail sont soumises à des détériorations, à la mode, au caprice du consommateur. Les expertiser d'une manière rigoureuse, fixe et durable, est donc chose impossible.

ARTICLE 3.

Des bénéfices que les chemins de fer, les mines,

les assurances, la banque, rapportent aujour-
d'hui à la spéculation privée et qui, dans le
nouveau système, retourneraient à l'Etat, joints
à ceux qui résulteraient des droits d'entrepôt, le
Ministère du progrès composerait son budget
spécial : le Budget des travailleurs.

TROISIÈME OBSERVATION.

Vous demandez l'établissement d'entrepôts
où les marchandises et denrées seraient dépo-
sées contre des récepissés, ayant une valeur
négociable et pouvant faire office de papier-
monnaie. Envisageons les conséquences de cette
création : — 1.° La négociation ne pourrait s'en
faire par voie d'endossement, mais par la simple
transmission du titre. Ces titres auront-ils une
égale valeur? Non. Certainement les titres
créés pour certaines industries auront une
plus-value « morale » que tels autres n'auront
pas, ce qui rendra la négociation de ces der-
niers plus onéreuse. Voilà donc une porte
ouverte à l'usure. — 2.° Si vous leur faites
faire l'office de papier-monnaie, vous donnez
à ces récepissés « un cours forcé » qu'ils ne
peuvent avoir; car leur valeur ne sera jamais
que relative.

Il faudra en outre que le délai pour lequel la
marchandise a été déposée, soit spécifié. Nous
rentrons dans le prêt sur consignations. Ces
valeurs seront peu recherchées, parce que,
quelle que soit la nature des marchandises,

elles éprouveront des déchets, des avaries, des baisses de prix. De là une perte considérable dans la valeur primordiale.

Il est permis de douter que les bénéfices qui doivent ressortir de toutes les opérations énoncées en l'art. 3, soient suffisants pour subvenir au Budget des travailleurs, car, par le mot « travailleurs » vous entendez non-seulement les artisans de toutes les associations ou corporations, mais tous les « employés » à quelque catégorie qu'ils appartiennent. Des chiffres seuls peuvent lever nos doutes à cet égard.

ARTICLE 4.

L'intérêt et l'amortissement des sommes dues par suite des opérations précédentes seront prélevés sur le Budget des travailleurs. Le reste serait employé : — 1.º à commanditer les associations ouvrières; 2.º—à fonder des colonies agricoles.

QUATRIÈME OBSERVATION.

Votre projet serait de prélever sur ces sommes plutôt acquises que « dues » l'intérêt et l'amortissement pour commanditer des associations et former des colonies agricoles. Différentes questions se présentent ici : —1.º Celle de savoir quelles seront vos réserves pour arriver à ce double résultat? — 2.º S'il est possible à un Gouvernement de veiller incessamment sur des intérêts d'associations particulières, quand il

est absorbé, dans ses différentes branches par
tant d'intérêts généraux? — 3° Enfin si ce revi-
rement d'intérêts particuliers, passant instanta-
nément entre les mains de l'État, qui seul
aurait la direction et la surveillance de toutes
ces productions, ne sera ou ne serait plus
nuisible qu'utile au bien-être de tous? — Je
vous en laisse la solution. *Non licet omnibus...*

ARTICLE 5.

*Pour être appelées à jouir de la commandite
de l'État, les associations ouvrières devraient
être instituées d'après le principe d'une fraternelle solidarité, de manière à pouvoir acquérir,
en se développant, un capital collectif, inaliénable et toujours croissant, seul moyen d'arriver à tuer l'usure, grande ou petite, et de faire
que le capital ne soit plus un élément de tyrannie,
la possession des instruments de travail un privilége, le crédit une marchandise, le bien-être
une exception, l'oisiveté un droit.*

CINQUIÈME OBSERVATION.

Pour jouir de la commandite de l'État, il
faudrait que les associations fussent instituées
sur les bases d'une fraternelle solidarité. Il est
impossible de ne pas reconnaître la sublimité
de ce principe, mais il faut le considérer dans
son application et ne pas omettre de faire la
part de la faiblesse de notre nature. De toutes
les corporations ou associations, vous faites

un seul et même corps, une seule et même
âme. Toutes, selon vous, seront mues par un
intérêt commun, elles rivaliseront de zèle pour
arriver au but qui est le bien-être de tous. Cette
perspective si brillante, vous pensez l'atteindre
avec un capital collectif et inaliénable, mais ce
même capital que vous déclarez devoir être
« inaliénable », vous le destinez tout d'abord à
de bien grandes choses, tuer l'usure grande
ou petite, etc., etc. Cela suppose un déplace-
ment de capitaux : alors ne lui donnez donc pas
le caractère de l'inaliénabilité.

Quant à la solidarité fraternelle que vous
invoquez, il faut la restreindre dans les limites
du possible, c'est-à-dire, à chaque association
en particulier, et non pas l'étendre à toutes, car
si elles étaient unies, qu'elles ne formassent
qu'un tout, ce serait un dédale inextricable
dans la répartition générale d'intérêts industriels
si divers, si nous raisonnons dans le seul sens
possible de l'aliénabilité. Qu'il nous soit permis
ensuite de douter qu'une corporation qui pro-
duira beaucoup, conséquemment qui réalisera
beaucoup, consentira à faire longtemps cause
commune avec d'autres de peu d'importance,
dont les avantages sont à peu près nuls, car
telle industrie réalise d'énormes bénéfices et
une autre fort peu. Si donc vous parvenez à
obtenir cette solidarité fraternelle dans chaque
industrie, croyez que vous aurez fait beaucoup.
Vouloir l'asseoir sur une plus large base, ce
serait entrer dans le vaste champ des chimères.

ARTICLE 6.

En conséquence, toute association ouvrière, voulant jouir de la commandite de l'État, serait tenue d'accepter comme bases constitutives de son existence, les dispositions qui suivent : Après le prélèvement du prix des salaires, de l'intérêt du capital, des frais d'entretien et de matériel, le bénéfice sera ainsi réparti :

Un quart pour l'amortissement du capital appartiendrait au propriétaire avec lequel l'État aurait traité.

Un quart pour l'établissement d'un fond de secours, destiné aux vieillards, aux malades, aux blessés.

Un quart à partager entre les travailleurs, à titre de bénéfice, comme il sera dit plus tard.

Un quart enfin pour la formation d'un fond de réserve dont la destination sera indiquée plus bas.

Ainsi serait constituée l'association dans un atelier. Resterait à étendre l'association entre tous les ateliers d'une même industrie, afin de les rendre solidaires l'un de l'autre. Deux conditions y suffiraient. D'abord en déterminant le prix de revient, on fixerait, eu égard à la situation du monde industriel, le chiffre du bénéfice licite au-dessus du prix de revient, de manière à arriver à un prix uniforme et à empêcher toute concurrence dans les ateliers d'une même industrie. Ensuite, on établirait dans tous les ateliers de la même industrie, un salaire non pas égal mais proportionnel, les conditions de la vie matérielle n'étant pas identiques sur tous les points de la France.

La solidarité ainsi établie entre tous les ateliers d'une même industrie, il y aurait enfin à régulariser la souveraine condition de l'ordre, celle qui devra rendre à jamais les haines, les guerres, les révolutions impossibles, il y aurait à fonder la solidarité entre toutes les industries diverses, entre tous les membres de la société. Deux conditions pour cela sont indispensables. Faire la somme totale des bénéfices de toutes les industries et cette somme totale la partager entre tous les travailleurs.

Ensuite des divers fonds de réserve dont nous parlions tout-à-l'heure, former un fond de mutuelle assistance entre toutes les industries, de telle sorte que celle qui, une année, se trouverait en souffrance, fût secourue par celle qui aurait prospéré. Un grand capital serait ainsi formé, lequel n'appartiendrait à personne en particulier, mais appartiendrait à tous collectivement.

La répartition de ce capital de la société entière serait confiée à un conseil d'administration placé au sommet de tous les ateliers. Dans ses mains seraient réunies les rênes de toutes les industries, comme dans la main d'un ingénieur nommé par l'État, serait remise la direction de chaque industrie particulière.

*L'État arriverait à la réalisation de ce plan
par des mesures successives. Il ne s'agit de
violenter personne. L'État donnerait son modèle.
A côté viendraient les associations privées, le
système économique actuel.*

SIXIÈME ET DERNIÈRE OBSERVATION.

Si vous faites de justes prélèvements, une
juste répartition de bénéfices « présumés »,
effacez donc le mot d'inaliénabilité de capital,
art. 5.

Nous reconnaissons toute la justice de votre
répartition, mais la seconde attribution ne
nous paraît pas devoir atteindre le but que vous
vous proposez. Il faut à des vieillards une
retraite assurée et non pas des secours passa-
gers, précaires, aléatoires.

Ce n'est pas seulement parce que les conditions de la vie matérielle ne sont pas identiques
sur tous les points de la France qu'il faut adopter
un salaire proportionnel et non pas égal : c'est
en outre parce que le zèle, l'expérience, l'apti-
tude, la capacité ne sont pas les mêmes chez
tous les travailleurs, que leurs droits doivent
être établis sur ce principe dans chaque association.

Il ne s'agit plus dans ce même art. 6 de la
solidarité fraternelle entre chaque industrie,
mais entre toutes les industries. Nous avons
émis plus haut notre opinion sur ce point et
nous croyons que cette solidarité passe les

bornes du possible. Il pourrait bien arriver ici ce qui arrive souvent en mécanique : « ce qui est vrai et bon en petit, ne l'est pas en grand. »

Terminons nos investigations par ce peu de mots.

Sur vos bénéfices probables vous prélevez dans le premier cas un quart pour être partagé entre tous les travailleurs de chaque industrie. Ici (art. 6) le prélèvement est de la totalité des bénéfices. On se demande ce qui motive cette variation de répartition? Il faut une base fixe, à laquelle s'arrêtera-t-on? Ne nous dissimulons pas en outre qu'une foi bien vive est indispensable pour croire qu'il est possible de former un fond de mutuelle assistance pour toutes les industries, de fonds pris exclusivement sur les différentes réserves détaillées au commencement dudit article 6.

Enfin, vous imposez, sous le régime d'une parfaite égalité, un ingénieur « nommé par l'État » à la tête de chaque industrie particulière. Toujours le privilége des corporations. S'il se rencontre donc en dehors de celles-ci des hommes d'une haute capacité, ils seront encore et toujours impitoyablement déshérités. Telle n'a pu être votre pensée.